VALESKA GERT

(1892–1978)

JÜDISCHE MINIATUREN
Herausgegeben von Hermann Simon

Band 123 VALESKA GERT

Alle »Jüdische Miniaturen« sind auch im Abonnement beim Verlag erhältlich.

Die Deutsche Nationalbibliothek verzeichnet diese Publikation in der Deutschen Nationalbibliografie; detaillierte Daten sind im Internet über https://portal.d-nb.de/ abrufbar.

Inh. Dr. Nora Pester
Wilhelmstraße 118, 10963 Berlin
info@hentrichhentrich.de
http://www.hentrichhentrich.de

Satz: Barbara Nicol
Druck: Winterwork, Borsdorf

2. Auflage 2014

Printed in Germany
ISBN 978-3-942271-53-0

ELKE-VERA KOTOWSKI

VALESKA GERT

EIN LEBEN IN TANZ, FILM UND KABARETT

HENTRICH & HENTRICH

CENTRUM JUDAICUM

Umschlag vorn:
Valeska Gert, 1978, Öl auf Leinwand,
gemalt von Christian Hinrich Claussen (1945–2011)

Inhalt

Typische Kurzkritik (*Vorwärts*, 1926)

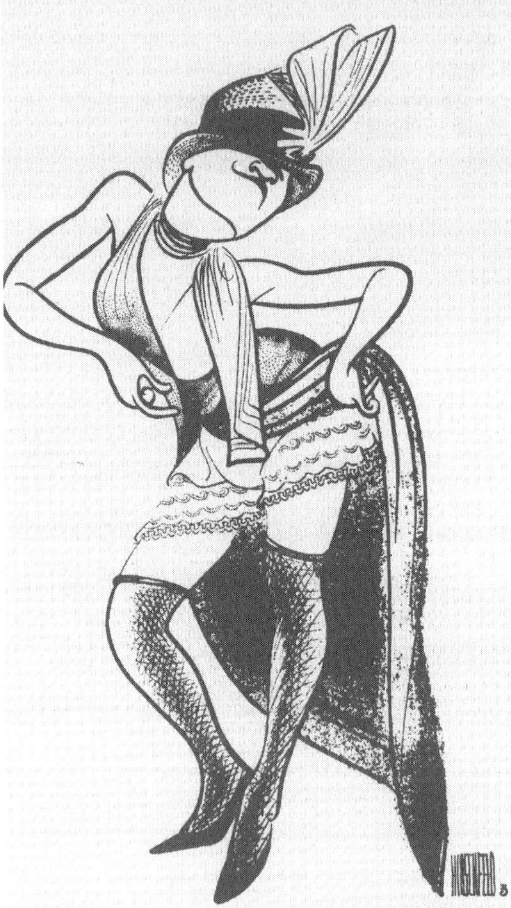

„Gruß aus dem Mumienkeller", karikiert von Al Hirschfeld

»Ich will leben, auch wenn ich tot bin«
Statt eines Vorworts – ein Nachruf zum 120. Geburtstag von Valeska Gert

Die dreiundachtzigjährige Valeska Gert (1892–1978) reagierte erstaunt, als man sie in der seinerzeit ersten Talkshow (*Je später der Abend* vom 19.11.1975) fragte, mit welchem Resümee sie als ältere Dame auf ihre ereignisreichen Jahre vor und nach dem Zweiten Weltkrieg zurückblicke. »Wieso alt, ich bin doch nicht alt« herrschte sie den Moderator an. Und wahrlich, ihre Präsenz, sei es der flotte knallrote Hosenanzug, der freche rabenschwarze Kurzhaarschnitt oder die erfrischend kokette Art, mit der sie sich den Fragen von Hansjürgen Rosenbauer stellte, zeugen von einem jung gebliebenen und ungebrochenen Geist und einer noch immer den Raum für sich erobernden und die Aufmerksamkeit auf sich ziehenden Erscheinung.

Die 1892 als Gertrud Valesca Samosch im wilhelminischen Berlin geborene Tochter eines Fabrikanten entdeckte schon früh ihre Leidenschaft für den Tanz, dem sie fortan eine neue, bislang nie dagewesene Ausdrucksform verlieh. Allerdings verfügte sie auch über schauspielerisches Talent, so dass sie bereits mit Anfang Zwanzig auf der Bühne stand, da Arthur Kahane (damals als Dramaturg am Deutschen Theater in Berlin tätig) sie an

Otto Falckenberg an die Münchener Kammerspiele empfahl. Dort trat sie 1919 in Oskar Kokoschkas Uraufführung *Hiob* auf. Es folgten Rollen in Stummfilmen wie *Ein Sommernachtstraum* (1925) von Hans Neumann sowie *Freudlose Gasse* (1925), *Tagebuch einer Verlorenen* (1929) und *Die Dreigroschenoper* (1930/31) jeweils von Georg Wilhelm Pabst. Alles überragend war jedoch ihr neuartiger Tanz. Neben Mary Wigman zählt Valeska Gert zu den bedeutendsten Vertreterinnen der deutschen Ausdruckstanzbewegung in der ersten Hälfte des 20. Jahrhunderts.
Seit 1933 wurde Valeska Gert jedoch in doppelter Hinsicht verfemt: Als Jüdin und als »entartete« Künstlerin, denn ihr »Grotesktanz« und ihre Tanzkarikaturen galten den Nazis als »undeutsch« und »widernatürlich«. Sie emigrierte zunächst nach England und anschließend in die USA, wo sie u.a. mit Hans Hofmann, Jackson Pollock und Tennessee Williams verkehrte. In New York eröffnete sie eine kleine Bar, die schnell zum Geheimtipp wurde. Allerdings konnte sie in der »Neuen Welt« – und dieses Schicksal teilten viele Emigranten – nicht an ihre früheren Erfolge anknüpfen. Valeska Gert kehrte 1947 nach Europa zurück und eröffnete zunächst in Zürich, anschließend in ihrer Heimatstadt Berlin ein Kabarett, in dem sie dem jungen Klaus Kinski ein Forum bot. Sie selbst schlüpfte u.a. in die Rolle der »KZ-Kommandeuse Ilse Koch«, jene für ihre Grausamkeit bekannte und 1951

verurteilte Frau des Lagerkommandanten des KZ Buchenwald. Im gleichen Jahr eröffnete sie den bis heute legendären »Ziegenstall« in Kampen auf Sylt, ein Nachtlokal, in dem die Kellner nicht allein für das leibliche Wohl, sondern auch für eine amüsant geistreiche Unterhaltung der Gäste sorgten. In den 1960er Jahren stand sie dann wieder vor der Kamera und spielte u.a. in Federico Fellinis Film *Julia und die Geister* (1965), Rainer Werner Fassbinders Serie *Acht Stunden sind kein Tag* (1972) oder Volker Schlöndorffs *Der Fangschuß* (1976). 1977 drehte Schlöndorff unter der Kameraführung von Michael Ballhaus einen Dokumentarfilm über Valeska Gert (*Nur zum Spaß, nur zum Spiel*).

Dass die »dolle Nummer« – wie Kurt Tucholsky sie einmal beschrieb – auch nach ihrem Tode noch präsent ist (und hier sei an das kopfzeilige Zitat aus Valeska Gerts Autobiografe *Ich bin eine Hexe* aus dem Jahr 1968 erinnert), zeigt sich auch darin, dass nachgeborene Künstler sich bis heute von ihr inspirieren lassen. Denn ihre gelebte Verbindung von Tanz, Schauspiel, Gesang und Kostüm beeinflusste nicht allein unzählige ihrer Zeitgenossen, sondern lebt auch nach ihrem Tod fort. Die Strahlkraft von Valeska Gert zeigt sich in Filmen wie den oben bereits genannten als auch in Collagen, Fotografien, Gemälden, Grafiken und Skulpturen zeitgenössischer und nachgeborener Künstler.

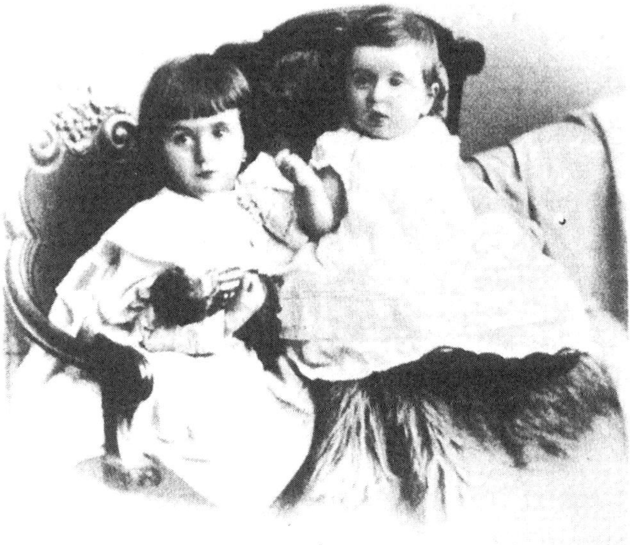

Die Geschwister Valeska Gertrude und Valentin Hans Samosch, um 1895

Vom lieben Trudchen zum kessen Kätchen – Das Vorspiel

»Ich bin in Berlin SO geboren, in der Alten Jakobstraße 92. [...] Als ich zwei Jahre alt war, zogen wir ins Haus der ›alten Philharmonie‹, Köpenicker Straße 96, gegenüber dem Schulze-Delitzsch-Denkmal, nicht weit vom Köllnischen Gymnasium.« Valeska Gertrude Samosch, geboren am 11. Januar 1892, war das erstgeborene Kind des Kaufmanns Theodor Samosch und seiner Frau Augusta, geborene Rosenthal. Der Vater stammte aus Breslau, wo dessen Vater eine bekannte Buchhandlung betrieb.

Valeska Gert, die später ihren zweiten Vornamen in verkürzter Form als Künstlernamen wählte, beschreibt in ihrer Autobiografie »Ich bin eine Hexe. Kaleidoskop meines Lebens« (1968) die Eltern wenig verklärt: »Mein Vater war jähzornig und gutmütig und musste immer das Gegenteil von dem tun, was ihm Spaß machte. [...] Immerzu musste er an mir herumnörgeln, mal gefiel ihm meine lange Nase, mal mein Haar nicht. [...] Meine Mutter war lustig, eigensinnig, rechthaberisch, vergnügungssüchtig und konnte wunderbar tanzen [...]. Von Kindererziehung verstanden die Eltern nichts.« 1894 wurde der Sohn Valentin Hans geboren. »Mein Vater liebte Hänschen mehr als mich, nannte ihn ›Wasserle‹, weil er sich so lange nass gemacht hatte. Wenn ich las, schrie Papa: ›Spiel mit Wasserle! Leg die Schmöker weg, sonst verbrenne ich sie!‹«

Mit sieben erhielt die Tochter Ballettunterricht und teilte seither die Leidenschaft der Mutter, das Tanzen. Ihr großes Vorbild wurde die damals populäre russische Primaballerina Anna Pawlowa (1881–1931). »Die Pawlowa war schön, die schönste Frau, die ich je gesehen hatte. Ihr Gesicht war schmal und edel, sie tanzte zart und leicht wie ein Blumenblatt.« Ihre wachsende Begeisterung für den Tanz entwickelte sich zu Lasten des Schulunterrichtes. Die Schülerin langweilte sich, vor allem die Zeichen- und Handarbeitsstunden waren ihr ein Graus. »Und Religionsstunde! Ich musste Hebräisch lernen und an die Synagoge denken, in die mich Mama an Feiertagen mitnahm. Ihre Eltern waren noch fromm, ihretwegen ging sie hin. Es war langweilig, ich verstand nichts. […] ›Mama, nimm mich aus der Schule!‹ bettelte ich. Sie tat es und gab mich in ein Externat. Ich war erst vierzehn Jahre alt. Zum Entsetzen der Lehrer puderte ich mich und färbte meine Lippen rot, es war bunter, darum tat ich es, aus keinem anderen Grund.« Neben dem Tanzen als körperliche Ausdrucksform hatte Valeska Gert ein ausgesprochenes Faible für ein extravagantes Outfit sowohl was die Kleidung als auch das Makeup betraf. »Schon damals liebte ich Plakatfarben. Knallrot oder orange musste das Kleid sein. Ich drückte einen schwarzen Hut tief auf meinen Kopf, Straußenfederplatten hingen über der Stirn, vor dem

Gesicht ein dichter schwarzer Schleier, kalkweiß gepudert, blutrot gefärbte Lippen; so wandelte ich über den Kurfürstendamm.«

Der Karikaturist und Grafiker Hans Rewald (1886–1944), der früh ihre ausgeprägte Beobachtungsgabe und ihr modisches Gespür erkannte, animierte die talentierte Schulabbrecherin für die damals bekannte Modezeitschrift *Elegante Welt* zu schreiben. Seit 1913 veröffentlichte sie dort ironisch verpackte Anregungen in der Rubrik »Ratgeber der Eleganz« beispielsweise über Haarnadeln, »Wie binde ich eine Krawatte« oder die Verwendung von Puder: »Pudern? – O weh! Manche Leserin schüttelt das Köpfchen: ›Das tut man, aber davon spricht man nicht.‹ Aber warum denn, gnädige Frau? Erlauben Sie, das ist ein Vorurteil! – Gewiss, alles Übertriebene ist gewöhnlich. Aber ein diskret gepudertes Gesicht ist vornehmer, keuscher als ein ungepudertes. Da ist so manche feine Linie, die verrät, was lieber verschwiegen sein sollte. Eine dünne Puderschicht deckt alles gütig zu.«

Neben ihren parodistischen Ausflügen in die Modeberichterstattung nahm Valeska Gert Unterricht bei Maria Moissi (geb. 1878), die in Berlin eine Schauspielschule betrieb. Ihr Mann, Alexander Moissi, der dort auch unterrichtete, war gemeinsam mit Max Reinhardt Begründer der Salzburger Festspiele. Das Ehepaar erkannte nicht nur ihr schauspielerisches Talent, sondern sah auch ihr tänzerisches, daher empfahlen sie ihr

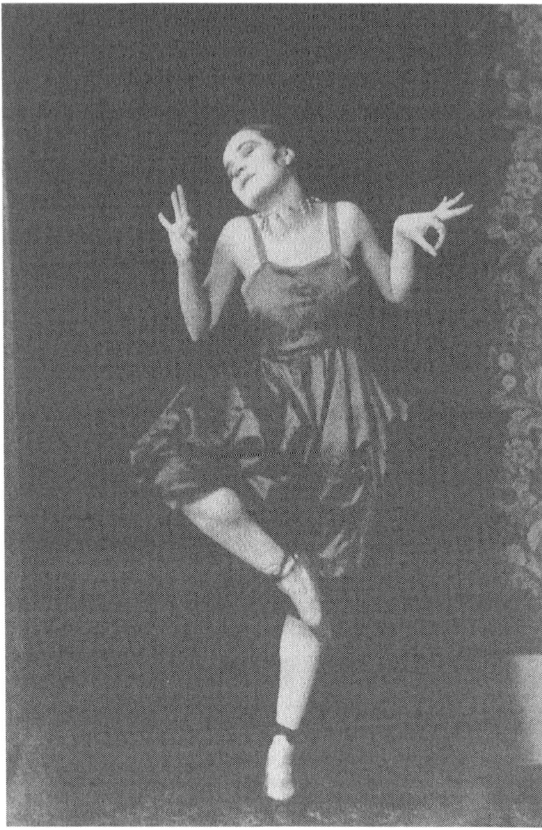

Mit ihrem extravaganten Tanz in orange *wird Valeska Gert über die Grenzen Berlins bekannt*

zudem bei der Schauspielerin Rita Sacchetto (1880–1959), die auch als Tanzlehrerin in Berlin arbeitete, Unterricht zu nehmen. Als deren Schülerin debütierte Valeska Gert 1916 bei einer öffentlichen Veranstaltung mit ihrem »Tanz in orange«, der sie schlagartig bekannt machte. Rita Sacchetto »zeigte mir ein paar Tanzschritte, und ich machte mir aus orangefarbener Seide ein Kostüm. Es war eng um die Taille gespannt, die faltige Pluderhose stand weit ab, weil Mama sie auf Gaze gearbeitet hatte, und endete in einem Bund über dem Knie, knallblaues Band um den Hals, knallblau geschminkte Augenlider, knallblaues Band um die Fußknöchel [...]. Ich sah wie ein Plakat aus, so etwas war neu, die anderen Tänzerinnen waren hellblau oder rosa gekleidet, oder wenn sie seriös und modern waren, steckten sie in wehenden beige oder grauen Stofffahnen. Der Bachsaal war überfüllt. Aufgeregt hörte ich das Murmeln von vielen Menschen. Das große Podium war von zwei Scheinwerfern grell beleuchtet, Hintergrund ein schwarzer Vorhang, vor dem sich die jungen Tänzerinnen lieblich bewegten und zaghaft die Beine schmissen. Anita Berger tanzte: *Rose und Diana mit dem Pfeil.*

Ich brannte vor Lust, in diese Süßigkeit hineinzuplatzen. Voll Übermut knallte ich wie eine Bombe aus der Kulisse. Und dieselben Bewegungen, die ich auf der Probe sanft und anmutig getanzt hatte, übertrieb ich jetzt wild. Mit Riesenschritten stürmte ich quer über das Podium, die Arme schlenkerten wie ein großer Pendel, die Hände spreizten sich, das Gesicht verzerrte sich zu frechen Grimassen.

Dann tanzte ich süß. Jawohl, ich kann auch süß sein, viel süßer als die anderen. Im nächsten Augenblick hatte das Publikum wieder eine Ohrfeige weg. Der Tanz war ein Funke im Pulverfass. Das Publikum explodierte, schrie, pfiff, jubelte. Ich zog, frech grinsend, ab. Die moderne Tanzsatire war geboren, ohne dass ich es wollte oder wusste.«

Auf Empfehlung von Maria Moissi und Arthur Kahane (1872–1932), Dramaturg am Deutschen Theater Berlin, erhielt Valeska Gert 1916 »als jugendliche Charakterspielerin« ein Engagement bei Otto Falckenberg (1873–1947) an den Münchener Kammerspielen. Doch wurde sie dort zunächst nur in Nebenrollen besetzt. »Als ›Star‹ war ich angekommen, als Statistin wurde ich benutzt. Das demütigte mich, aber trotzdem legte ich mein ganzes Wesen in die paar Minuten, die ich auf der Bühne stand.« Sie tat sich zunächst schwer und konnte kaum mit Kritik umgehen. Ihre erste Sprechrolle hatte sie als *Freiin von Totleben* in Frank Wedekinds *Marquis von Keith*. Der Autor führte selbst Regie und beschimpfte sie während der Proben, da sie zu leise sprach. Es folgten Rollen als *Kupplerin* in Wedekinds *König Niccolo* und in der Inszenierung von Falckenberg spielte sie 1917 das Kätchen in Shakespeares *Wie es euch gefällt*, das ihr

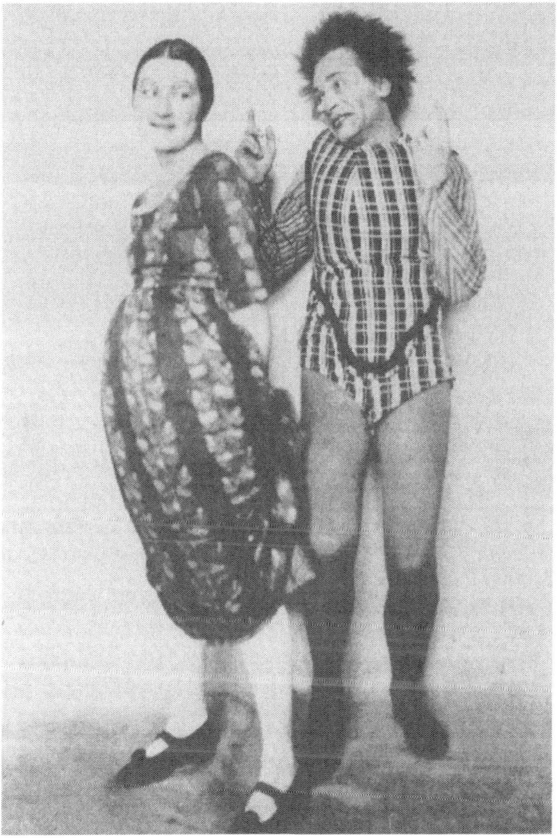

Als Kätchen *an der Seite von Arnold Marlé als Narr* Probstein *in* Wie es euch gefällt, *Münchener Kammerspiele 1917*

schließlich zum Durchbruch als Schauspielerin verhalf. »Ich musste eben tanzen, auch wenn ich spielte. Dann bekam ich das *Kätchen* in *Wie es euch gefällt*. Also so süß ist das Leben und so schön – vor einer elektrischen Wand von Menschen sich offen ausgeben und sich dabei sicher und geschützt in einem großen Kasten bewegen. Nähe und Ferne zugleich. Wenn ich mit dem Narren Probstein tanzte, spürte ich, sie waren alle mit mir, sie fühlten wie ich. Ich war nicht mehr allein, war berauscht vor Glück.«

Tanz des Lebens und des Todes – Die Avantgardistin

»Ich wollte nicht diese vagen Bewegungen tanzen, die nichts mit mir und meiner Zeit zu tun haben. Ich wollte Menschen darstellen und die vielen bunten Gesten und Bewegungen des täglichen Lebens.«

Es waren Alltagsszenen, die Valeska Gert inspirierten und die sie in Tanz umsetzte: »Auf den Straßen schieben sich die Menschen vorwärts, Wagen fahren und stoßen zusammen, der Verkehrsschutzmann streckt seinen Arm aus, der Verkehr stockt. Ich mache einen Tanz daraus, den ich ›Verkehr‹ nannte.«

Rückblickend erinnert sich ein Journalist des Berliner *Tagesspiegels*: »Sie ›tanzte‹ mit Augen, Nase, Ohren und

Gliedern, vernichtete dabei alle Naturformen und zerschlug die moralische Struktur. Sie tanzte Zustände und Sachen, sie tanzte Flöhe und Sechstagerennen, Keuchhusten und Straßenbahnen, die Luft um sie war manchmal wie Gas. Die Vokabel dafür heißt natürlich Expressionismus.«

Valeska Gert war zweifellos eine Avantgardistin des modernen Tanzes. Sie hatte stets ein besonderes Gespür für den Zeitgeist und umgab sich mit Künstlern, die ebenso auf der Suche nach neuen Ausdrucksformen waren. In ihren Lebenserinnerungen von 1968 beschreibt sie eine Szene während einer Veranstaltung der Berliner Dadaisten im Jahr 1919: »Der Höhepunkt des Programms war ein Wettrennen zwischen einer Nähmaschine und einer Schreibmaschine. An der Schreibmaschine saß George Grosz [an der Nähmaschine Walter Mehring]. Kaum im Saal entdeckt, schleifte man mich auch schon auf die Bühne, und ich tanzte zu den Geräuschen der beiden Geräte, eine Tüte aus Zeitungspapier mit zwei Pfund Spargel im Arm. Ich hatte ihn gerade auf dem Wochenmarkt gekauft.« Mit einem kleinen Seitenhieb auf die Achtundsechziger-Bewegung bemerkt sie, dass deren Happenings nicht neu waren, sondern bereits fünfzig Jahre zuvor als Mittel genutzt wurden.

Der Bruch mit der Tradition sollte auch im Tanz zum Ausdruck kommen. Aber war das Publikum schon reif für jeglichen Tabubruch?

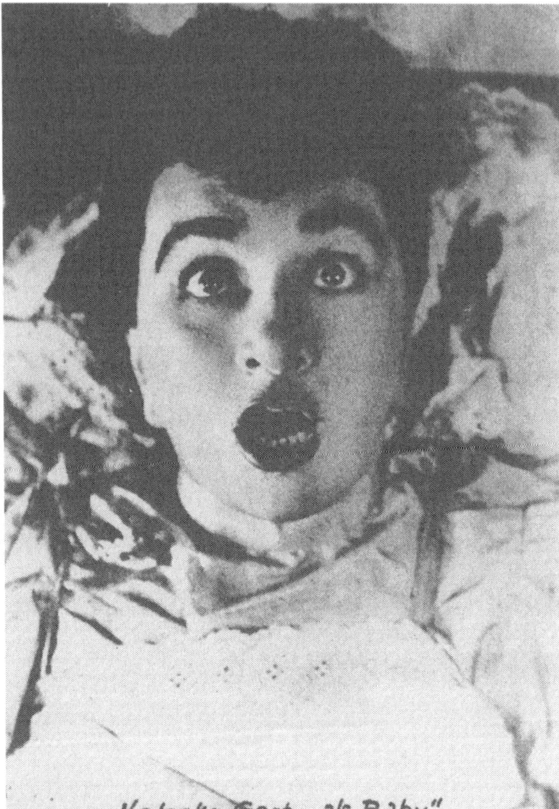

Als »Baby« trat Valeska Gert auch 1944 in New York auf.
Aufnahme von Lisette Model

»Das Unerhörte im Tanz, das will [...] ich. Aber was ist das? Das Unerhörteste ist Geburt, Liebe und Tod. Niemand hat bisher gewagt, es wahr und ungeschminkt darzustellen. Ich will es tun.« Und sie tat es und das in allen drei elementaren Bereichen: dem Lebensanfang (in der Formation »Baby«), dem Lebensende (»Tod«) und der Liebe, allerdings vornehmlich der käuflichen. Ihre Tänze waren Ausdruck des unmittelbaren Lebens, ungeschönt in Leid und Freud. Und es schwang stets eine sozialkritische Komponente mit. So auch in ihren Tänzen »Canaille« und »Kupplerin«, in denen sie das Thema Prostitution erstmals in derartiger Form auf die Bühne brachte. Damit stellte sie die am Rand der Gesellschaft Stehenden in das Rampenlicht; hier eine junge Frau, die in Ermangelung anderer Erwerbsmöglichkeiten ihren Körper verkauft sowie die in die Jahre gekommene Prostituierte, die nun als Puffmutter ihre Existenz sichern muss: »Ich will sie bei der Ausübung ihres Berufes schildern. Herausfordernd wackle ich mit den Hüften, lüfte den schwarzen Rock und zeige einen Augenblick lang weißes Fleisch [...]. Meine Bewegungen sind sanft und wollüstig. [...] Ich senke den Kopf tief, das Gesicht verschwindet bis zum grellroten Mund in einem roten Kragen, der lose um meinen Hals liegt. Dann sinke ich langsam in die Knie, ich öffne sie und versinke tief. In plötzlichem Krampf, wie von einer Tarantel gestochen, zucke ich in die Höhe. Ich schwinge.

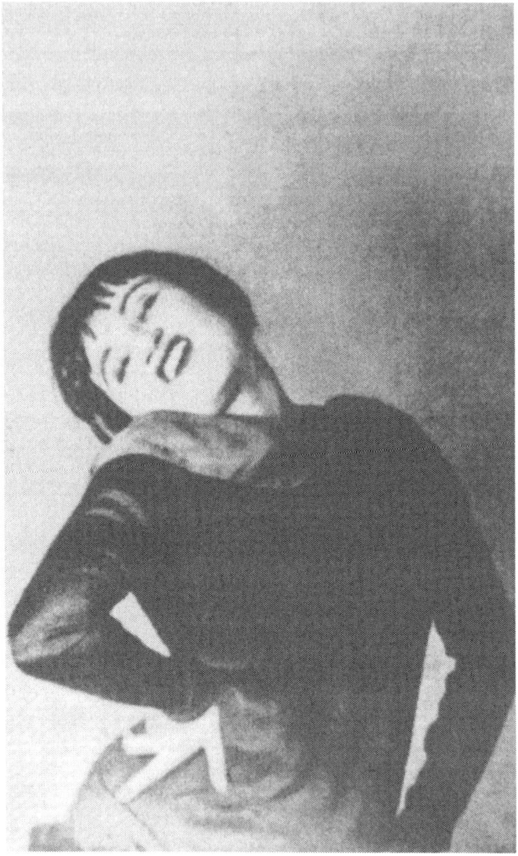

Canaille, Aufnahme von 1925

Dann entspannt sich der Körper. Der Krampf löst sich in sanfte Sprünge auf. Sehr weich und immer kürzer werden sie, die Erregung ebbt ab. Noch eine letzte Zuckung und ich bin wieder auf der Erde. Was hat man mir getan? Man hat mich ausgenutzt. Man hat mich missbraucht, weil ich Geld haben muss. Miserable Welt! Ich spucke einen verächtlichen Schritt nach rechts und einen nach links. Dann latsche ich ab.«

Dem Tod verlieh sie in einer Pantomime Ausdruck: »Bewegungslos stehe ich auf dem Podium. Mein Körper spannt sich. Die Hände ballen sich langsam zur Faust. Die Schultern krümmen sich, die Augen schließen sich, das Gesicht verzerrt sich vor Schmerz. Unerträglich wird der Schmerz, der Mund öffnet sich zu lautlosem Schrei. Ich biege den Kopf zurück. Schultern, Arme, Hände, der ganze Körper verkrampft sich. Ich wehre mich mit aller Kraft. Sinnlos. Ich erstarre, sekundenlang stehe ich bewegungslos, eine Säule des Schmerzes. Dann gebe ich nach. Das Leben weicht langsam aus meinem Körper, sehr langsam entspannt er sich. Der Schmerz fällt ab, der Mund wird weicher, die Hände lösen sich, die Schultern lassen los, die Arme fallen. Das Gesicht glättet sich, es ist sehr ruhig geworden, fast leblos. Ich fühle die Starre der Menschen im Zuschauerraum. Ich will sie trösten. In mein Gesicht gleitet der Abglanz vom Leben, schon von sehr weit her kommt ein Lächeln. Es versinkt, die Wangen fallen ein, der Kopf fällt herunter, der Kopf

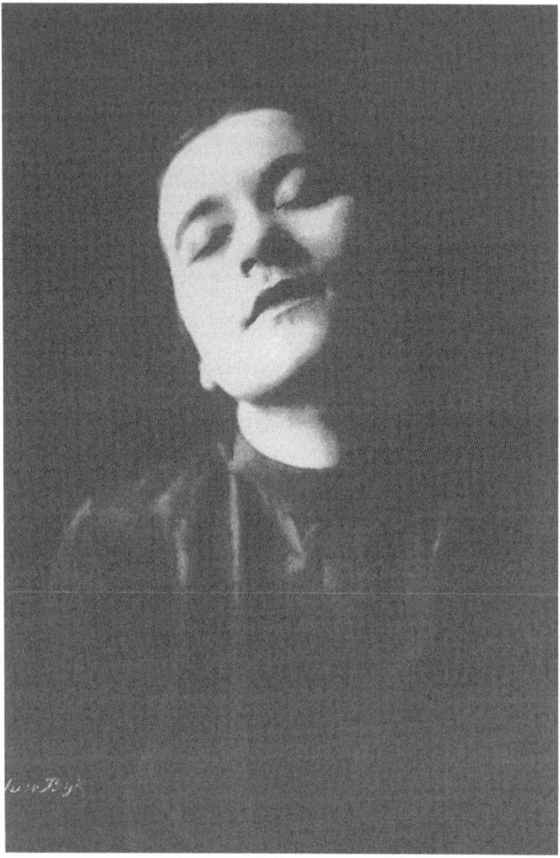

Valeska Gert tanzt den »Tod«, Fotografie von Suse Byk

einer Puppe. Alles Leben ist aus. Ich bin gestorben. Totenstille. Niemand atmet. Die weißen Scheinwerfer brennen. Ich bin tot.«

Und so wie sie das Publikum mit dem Tod konfrontiert, so konfrontiert sie es auch mit dem Leben, sei es als Prostituierte, Kupplerin, Baby, Boxer oder als ›Nervosität‹, mit der sie die Hektik und Schnelllebigkeit der Großstadt in eine Tanzperformance übertrug.

Der Feuilletonchef des Berliner Tageblatts und Schriftsteller Fred Hildenbrandt (1892–1963), der 1928 eine Biografie über Valeska Gert verfasste (*Die Tänzerin Valeska Gert*), nannte sie darin die »Fratze« ihrer Zeit. Einig waren sich ihre Rezensenten darin, dass sie sich von allen übrigen Tänzerinnen abhob. Kurt Tucholsky schrieb im Februar 1921 unter dem Pseudonym Peter Panter in der *Weltbühne*: »Tanzte sie? Tanzte Valeska Gert? Daß sie es kann, steht außer allem Zweifel. Daß sie viel mehr kann, auch. Sie benutzt die Technik – wie sichs gehört – als reale Unterlage der Phantasie. Nein, sie tanzte nicht nur. Sie schüttete ein Füllhorn voll Menschen vors Parkett: Japaner und Seiltänzer und Jongleure und Zirkusreiterinnen und Ringkämpfer und Kuppelmütter und Spanierinnen und wer weiß wen noch alles. Aber Gott muß ihr jenen Andersenschen Glassplitter ins Auge geweht haben, durch den man die Welt so eigentümlich verzerrt sieht. Sie parodiert. [...] Nun, wenn die Gert *›Ballett‹* tanzt, dann ist von der

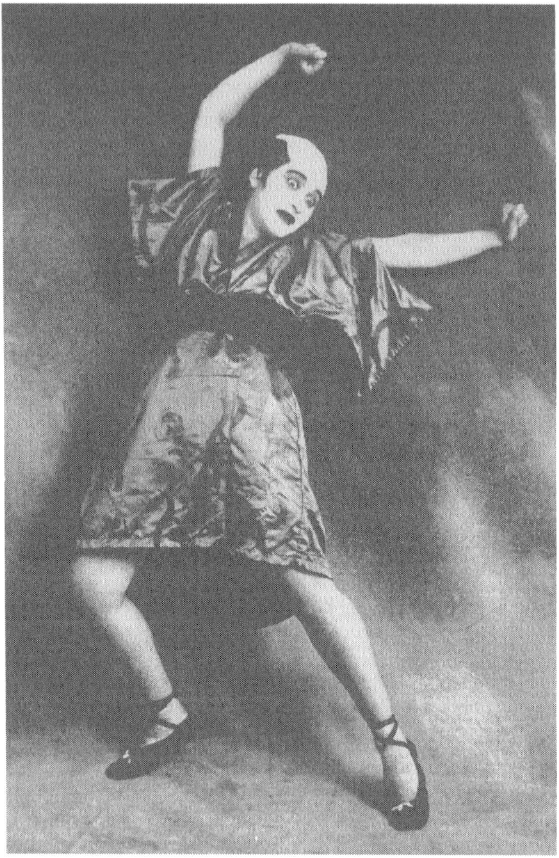

»Japanische Groteske« (1917)

Dell'Era nicht mehr viel übrig – so leer, so gespreizt, so engagiert, so flirrend decouvriert sich eine antiquierte Angelegenheit. Sie entlarvt, was sie tanzt. Und im *›Ballett‹* zertanzte sie – zum großen Ärgernis zweier hinter mir sitzender Geheimen Oberrechnungsratswitwen – Potsdam.«

Das Neue an ihrem Tanz war u.a. eine in Bewegung umgesetzte Zeitsatire. Neben »Charleston« und »Tango«, populäre zeitgenössische Tänze, persiflierte sie die beim Publikum so beliebten »exotischen« Tänze der Spanier oder Japaner, beziehungsweise die nordeuropäische Vorstellung davon, wie Spanier oder Japaner tanzen. Der Grotesktanz war geboren.

Die Reaktion des Publikums wie der Kritiker auf diese neue Art des grotesken Tanzes beziehungsweise der tanzenden Pantomime war ambivalent. Valeska Gert resümierte: »Die Zeitungen schrieben, ich sei prickelnd wie Champagner, steige zu Kopf wie schwerer Wein, ich sei frisch wie der Wald, giftig wie ein Fliegenpilz, ich erinnerte sie an Barlach, Rodin, George Grosz, Hans Baldung Grien, Toulouse-Lautrec, Felicien Rops, komisch, lasterhaft, klassisch, gotisch, barock, expressionistisch, surrealistisch. Manche schrieben: Es gibt nur drei Tänzerinnen: Anna Pawlowa, Karsavina, Valeska Gert. Ich hatte eine Gemeinde, die sagte: es gibt nur eine Tänzerin, und das ist Valeska. Und manche sagten, ich sei überhaupt keine Tänzerin.«

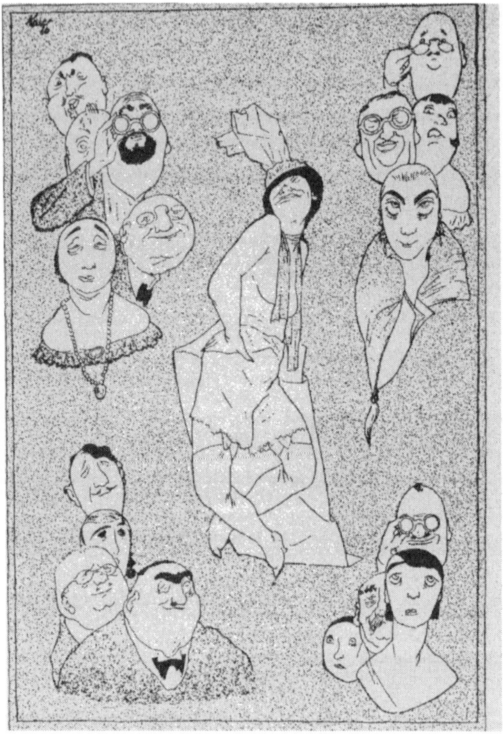

Karikatur mit dem Titel »Tanzabend Valeska Gert« aus »VIK« von 1926. Darunter stand ein Vierzeiler von H. Fl.:
»Man kann sie gemein sehn, man kann sie fein sehn,
Als Gourmet oder Philosoph betrachten,
Sie ist, was andere in sie hineinsehn,
Auf jeden Fall Nummer – nicht zu verachten!«

»Ein Sommernachtstraum« – Von der Bühne vor die Kamera

Wie schon Kurt Tucholsky in seiner Tanzkritik bemerkte, verkörperte Valeska Gert eine neue Ästhetik des körperlichen Ausdrucks. Bertolt Brecht, dem Valeska Gert Anfang der 1920er Jahre begegnete, war begeistert von ihr und wollte mit ihr an einem Drehbuch für ein Filmprojekt arbeiten, deren Protagonistin »Ein hässliches Mädchen« sie selbst auch darstellen sollte. »Ich fragte ihn: ›Was ist das, eppisches (so sprach er es aus) Theater?‹ – ›Das, was Sie machen‹ antwortete er.« (Hexe, 46) Das Projekt zerschlug sich und stattdessen stand sie 1924/25 erstmals unter der Regie von Hans Neumann als »Puck« in Shakespeares Sommernachtstraum vor der Kamera.

Das Ausleben im Hier und Jetzt, aus dem heraus Valeska Gert bei jeden Auftritt etwas Neues erschuf, die unwiederbringliche Einzigartigkeit des Augenblicks, konnte nun durch die Kamera konserviert und immer wieder abgerufen werden – das bereitete ihr Unbehagen. Erst durch die Begegnung mit der Fotografin Suse Byk, die sie filmte, verlor Valeska Gert die Angst vor der Kamera. »Und als Pabst mich für die Frau Greifer in der *Freudlosen Gasse* engagierte, wurde zur Lust, was mich vorher so beängstigt hatte, das ›Festgehaltenwerden vor der Kamera‹.«

In diesem Stummfilm, den Georg Wilhelm Pabst 1925 nach der Vorlage des österreichischen Schriftstellers Hugo Bettauer drehte, stand Valeska Gert an der Seite der damals noch unbekannten Schauspielerinnen Greta Garbo und Asta Nielsen. Schauplatz war die kleine Wiener Melchiorgasse während der Inflationszeit, in der das verarmte Bürgertum Tür an Tür mit dem Lumpenproletariat lebte. Die beiden einzigen wohlhabenden Bewohner der Straße sind der Fleischer Josef Geiringer (Werner Krauß) und Frau Greifer (Valeska Gert), die einen Modesalon mit angeschlossenem Nachtklub betreibt. Dieses Etablissement ist ein Magnet der reichen Bürger Wiens. Gleich nebenan liegt das Stundenhotel »Merkl«, in dem Frauen ihren Körper feil bieten, um u.a. ihren bei Frau Greifer aufgenommenen Kredit abzubezahlen. Mit dieser zeitkritischen Darstellung von überbordendem Luxus und bitterster Armut entstand ein Klassiker der Filmgeschichte und ein Dokument der ›Neuen Sachlichkeit‹ in bewegten Bildern.
Wenig später engagierte sie Jean Renoir für Zolas Romanverfilmung *Nana* (1926). Darin spielte sie die »Kammerzofe Zóe«. Es folgten fast im Jahresrhythmus weitere internationale Produktionen, in denen Valeska Gert mitspielt: *Alraune* (1927) unter der Regie von Henrik Galeen, *Tagebuch einer Verlorenen* (Regie: G.W. Pabst, 1929), *So ist das Leben* (Regie: Carl Junghans, 1929), *Menschen am Sonntag* (Regie: Robert Siodmak,

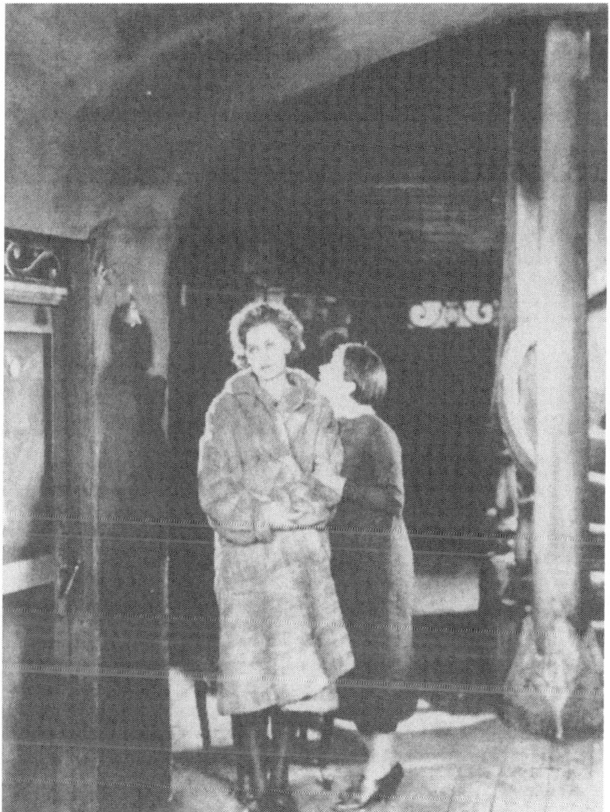

Neben Greta Garbo spielt Valeska Gert »Frau Greifer« in dem Film Freudlose Gasse *(1925)*

Drehbuch: u.a. Billie Wilder, 1929/30), *Die Dreigroschenoper* (Regie: G.W. Pabst, 1930/31), *Pett and Pott* (Regie: Alberto Cavalcanti, 1934).

Zwei Tage nach der Uraufführung des Filmes *Nana* sah die Gert Sergej Eisensteins *Panzerkreuzer Potemkin*, der sie nachhaltig beeindruckte. Daher reagierte sie auch prompt auf einen von Eisenstein verfassten Artikel in der *Weltbühne*, wo er schreibt: »Ich gehe an die Herstellung eines Films in der gleichen Weise wie an die Einrichtung einer Geflügelfarm oder die Installation einer Wasserleitung. Mein Standpunkt ist ein durchaus utilitaristischer, rationeller, materialistischer.« Valeska Gert erwiderte daraufhin wiederum in der *Weltbühne* (Jg. 23, 1927): »Glaubt Herr Eisenstein wirklich, dass er seinen wunderbaren Potemkinfilm ohne Intuition gemacht hat? Glaubt er wirklich, dass Verstand und beste Informationen das Rezept sind, aus dem man große Kunstwerke macht, wie der Potemkin einer ist? [...] Vielleicht aber ist Eisenstein nur ein ungenauer Propagandist seiner Absichten. Und vielleicht wollte er nur sagen: ich will keine ästhetische und keine romantische Kunst machen. Ich will ein straffes und genaues Abbild dieser Zeit geben, das genau so brutal und nüchtern ist wie diese Zeit selbst. Ohne Intuition aber würde die letzte Einheit und die geistige Schlagkraft fehlen. Eisenstein macht große Kunst, selbst wenn er sich noch so sehr dagegen wehrt.«

Ein Jahr später lernten sich die beiden persönlich in Moskau kennen, wo Valeska Gert auf Einladung des sowjetischen Kulturministeriums auf Tournee war. Allerdings hatte Eisenstein schon vorher versucht, mehr über sie zu erfahren. Den Komponisten Hanns Eisler hatte er gebeten, das Gert-Buch von Fred Hildenbrandt zu besorgen. In Notizen aus seinem Nachlass finden sich Äußerungen Eisensteins über die ‚große Kunst' der Valeska Gert: »Ihre Kunst ist zutiefst intellektuell. Die Spannung darin: aus der Diskrepanz zwischen den üblichen Vorstellungen und der Vorstellung wie sie tanzt. Das Genre- und Stilmäßige überwiegt. Aber so tiefgehend, dass es schon das berührt, was Genre und Stil erzeugt – das Soziale. Der gröbste Blick – das Aufdecken dieser Erscheinung ist im parodistischen Theater. In der Parodie. [...] Aber ist Valeska Parodie? Nein, sie ist Kunst. Sie ist auf jener Grenze, wo dieselbe Mechanik sowohl für die Parodie als auch für die Kunst in ihren ›Parodien‹ einen dialektischen Sprung tut und dabei zum objet d'art wird. Ontogenese und Phylogenese. Der Weg von der Parodie zum Kunstwerk bedeutet gewöhnlich eine langwierige Entwicklung (Beispiel: das sowjetische Kino). Er kann jedoch auch ein urplötzlicher Wechsel am selben Orte sein. Und das ist die Groteske bei Valeska. Valeska, die aus der Parodie in die grand art springt. Sie ist durch und durch intellektuell. Das bedeutet: ihr Revolutionär-Sein ist im intellektuellen Bereich massenbezogen. Mit Mühe ist sie – soziale Satire. Aber hundertprozentig ist sie Salpetersäure für die bürgerliche Ideologie. Ich wiederhole. Sie setzt so in der Tiefe an, dass der ›spanische Tanz‹ mehr als eine Parodie auf Tanz ist. Das ist der Degen ins Herz der ganzen Spanientümelei.«

Der Regisseur und die Tänzerin fühlten sich sowohl intellektuell als auch emotional stark zueinander hingezogen. Allerdings gestaltete sich das Zueinanderkommen nicht ganz so einfach. In seinen *Memoiren eines Moralisten* (1983) beschreibt Hans Sahl eine Begegnung in Paris im Jahre 1930: »In ihrem Hotelzimmer in der Rue de la Grande Chaumière lag die Tänzerin Valeska Gert in ihrem Bett und schluchzte. ›Ach lieber H.S.‹, sagte sie, ›ich bin ja so unglücklich. Ich liebe Eisenstein, aber Eisenstein liebt keine Frauen. Er liebt nur seinen Kameramann. Bitte gehen Sie sofort ins Hotel *Des Etats Unis* am Montparnasse und sagen Sie Eisenstein, dass ich ihn liebe. Bitte beeilen Sie sich, bevor es zu spät ist!‹ – Im Hotel Des Etats Unis am Montparnasse lag der Regisseur des *Panzerkreuzer Potemkin* in seinem Bett, bei herabgelassenen Vorhängen. ›Ich weiß, warum Sie kommen‹, sagte er, als ich eintrat. ›Ich liebe Valeska, ich verehre sie. In meiner Hosentasche sind ein paar Geldscheine. Kaufen Sie ihr einen großen Strauß gelber Rosen und sagen Sie ihr, dass ich sie bald sehen möchte, sehr bald.‹ Er riss ein Blatt von seinem Notizblock, der neben ihm lag, kritzelte etwas darauf und gab es mir. ›Beeilen Sie sich bitte, bevor es zu spät ist!‹« So wurde der Schriftsteller Sahl zum Kurier der Liebenden. »Hier der geniale Regisseur, der in Bildern von noch nicht dagewesener revolutionärer Eindringlichkeit den Aufstand der Massen gegen eine verhasste Ordnung zeigte, dort die geniale Tänzerin, die mit fanatischer Besessenheit ihre Visionen mit einer schockierenden mimischen Ausdruckskraft auf die Bühne brachte. [...] Dass die beiden doch noch als Liebende in Paris zusammenkamen, verdanken sie nicht zuletzt meiner Bewunderung für das Schöpferische und Elementare in der Kunst.«

»Entartet« und »undeutsch« – Die Jahre des Exils

Während Valeska Gert mittlerweile auch im Ausland großen Erfolg hat, werden in Deutschland immer mehr Stimmen laut, die ihre Kunst als »entartet« und ihre Person als »undeutsch« betrachteten und statt ihrer wurde Mary Wigman 1933 zur Lichtgestalt des modernen Ausdruckstanzes gekürt: »Es wird wohl auch der Zeitpunkt kommen, wo man jene Künstlerin, mit deren Namen die gesamte Entwicklung der modernen tänzerischen Form unlöslich verbunden ist, ja, die diese eigentlich erst schuf und die den Ruf der neuen deutschen Kunst in der Welt festigen half wie wenig andere, wo man

Mary Wigman an die große repräsentative deutsche Bühne rufen wird, wo man ihr die Möglichkeit gibt, in regelmäßigen Darstellungen ihre chorischen Werke vor die deutsche Öffentlichkeit zu bringen.« (Völkischer Kurier, 1933)

In einem Leserbrief an die *Jüdische Allgemeine* bemerkte Valeska Gert 1972: »Sie schreiben, dass Mary Wigman die einzige noch lebende Tänzerin der zwanziger Jahre sei. Das stimmt nicht. Nur: die Wigman war ›Arierin‹, leicht nationalsozialistisch angehaucht und durfte daher in Deutschland bleiben. Ich aber bin Jüdin und musste emigrieren. Ich schuf den expressionistischen Tanz, die moderne Tanzpantomime. Beide Arten haben die Tänzer der ganzen Welt beeinflußt (Marceau, Barrault und viele andere), und in einer jüdischen Zeitung wird das verschwiegen?«

Valeska Gert erhielt bereits zu Beginn der NS-Zeit Auftritts- und wenig später Berufsverbot. Nunmehr war sie zunehmend auf Auslandsgastspiele angewiesen. Neben Budapest, Krakau und Paris arbeitet sie immer wieder in London. Dort stand sie 1934 auch in dem Film *Pett and Pott* vor der Kamera. Während eines Tanzabends im *Arts Theatre* befand sich ein junger englischer Schriftsteller und Schauspieler namens Robin Anderson im Publikum, der von ihr begeistert, in einer Kritik im *New Britain* vom 18. April 1934 bemerkte: »Frau Gert vernichtet. Ein einziger Schwung ihres Beines, eine Grimasse, eine

Körperhaltung, selbst ein Abgang ist eine Ohrfeige für die selbstgefälligen englischen Zuschauer und die Verhältnisse einer Gesellschaft, welche sie für sich selbst geschaffen haben.« Noch am selben Abend schlug er der Tänzerin vor, ihr Manager zu werden und arrangierte schon bald Tanzabende u.a. im *Tavistock Theater*, zu dem er Prominente wie T.S. Eliot einlud. Im Oktober 1934 feierte Stefan Zweigs *Volpone* seine Premiere im *Tempest Theater*, deren Mitbegründer Robin Anderson war und der auch die englische Fassung des Theaterstücks erarbeitete. Valeska Gert übernahm darin die Rolle der »Canina«. Zwei Monate später wurde *Leonce und Lena* aufgeführt, Valeska Gert trat im Vorprogramm mit ihren Tänzen, u.a. dem »Tod«, auf. Immer wieder zog es die Berlinerin in ihre geliebte Geburtsstadt, allerdings nicht allein aus Heimweh sondern auch, weil sie lediglich mit Touristenvisa ins Ausland reisen konnte, die nach drei Monaten abliefen. Freunde und Weggenossen legten ihr mit wachsendem Nachdruck nahe, Deutschland endgültig zu verlassen.

Valeska Gert teilte das Schicksal mit vielen Künstlern und Personen des öffentlichen Lebens, die nach NS-Ideologie zum »Juden« gemacht bzw. aufgrund »nichtarischer Abstammung« oder »undeutscher Haltung« aus der »Volksgemeinschaft« ausgeschlossen wurden. An die 8.000 Kulturschaffende emigrierten vor 1938 ins Ausland, so auch Valeska Gert. Und die zunehmende Stigmatisierung der Juden machte auch vor den »nichtjüdischen« Ehepartnern keinen Halt. Helmuth von Krause, mit dem Valeska Gert seit 1918 verheiratet war, hatte Berlin bereits verlassen und war nach Bayern gezogen. Doch auch dort kam es immer wieder zu antisemitischen Vorfällen im privaten Umfeld. Um ihn vor zunehmenden Schikanen der Nazis zu bewahren, ließ sie sich 1935 von ihm scheiden.

Die Reisen zwischen England und Deutschland wurden zunehmend schwieriger, und die Gefahr, kein Auslandsvisum zu erhalten, stieg von Reise zu Reise. Im Frühjahr 1936 heiratete sie Robin Anderson eher aus pragmatischen Gründen, denn durch die Eheschließung erhielt sie unmittelbar die britische Staatsbürgerschaft.

1938 kehrte Valeska Gert Europa den Rücken und emigrierte in die USA. Erste Anlaufstelle war Hollywood, in der Hoffnung, dort wieder vor der Kamera arbeiten zu können. Die Auswahl an gestrandeten Schauspielern aus Europa war jedoch groß. Bei Ernst Lubitsch fiel sie gleich in Ungnade, da sie sich despektierlich über das Aussehen der amerikanischen Schauspieler geäußert hatte. Klaus Mann versuchte sie vergeblich davon zu überzeugen, ein Filmprojekt mit ihr umzusetzen. Schließlich versuchte sie wieder als Tänzerin und Diseuse ein Engagement zu finden. Georg Kreisler, mit dem sie zwischenzeitlich auftrat, beschrieb diese Zeit 1983 in einem Brief an den Gert-Biografen Frank-

Manuel Peter: »Ich kam zu Valeska Gert in Hollywood Ende 1939 oder Anfang 1940 auf Empfehlung eines deutschen Komponisten namens Curt Bry. Vorstellung war damals keine vorgesehen, sie brauchte einen Pianisten, um bei diversen Theatern und Nachtlokalen vorzusingen bzw. vorzutragen, kurz, sie war auf Arbeitssuche. Ich probte einige Nummern mit ihr, an die ich mich aber nicht mehr erinnere, es waren hauptsächlich Impressionen, eine Spanierin, ein Baby usw. Einige Male begleitete ich sie beim Vorsingen, aber wo das war, weiß ich nicht mehr. Sie kam mir sehr schwierig und exzentrisch vor – aber ich war damals ja erst 17 Jahre alt.
Die Arbeit zog sich durch mehrere Monate. Die Schwierigkeit war, dass sie kein Geld hatte und immer bei mir im Rückstand blieb, obwohl ich ja weiß Gott sehr billig war. Als der Rückstand etwa 20 Dollar betrug – für beide damals eine astronomische Summe – und ich die Hoffnung aufgeben musste, bei ihr überhaupt zu verdienen, ging unsere Beziehung auseinander. [...] Ich habe sie dann erst wieder auf Sylt gesehen.«
Laut einer Ankündigung in der *Neuen Welt* des German Jewish Club of Hollywood vom Januar 1940 trat Valeska Gert am 2. Februar 1940 im *Assistance League Playhouse* in Hollywood auf. Auf dem Programm standen u.a. ihr Tanz »Spanierin«, das »Baby« und der »Tod«. Wie sich später herausstellte, war diese Veranstaltung von Bruno Frank, John Garfield, Alexander Granach und Fritz Lang

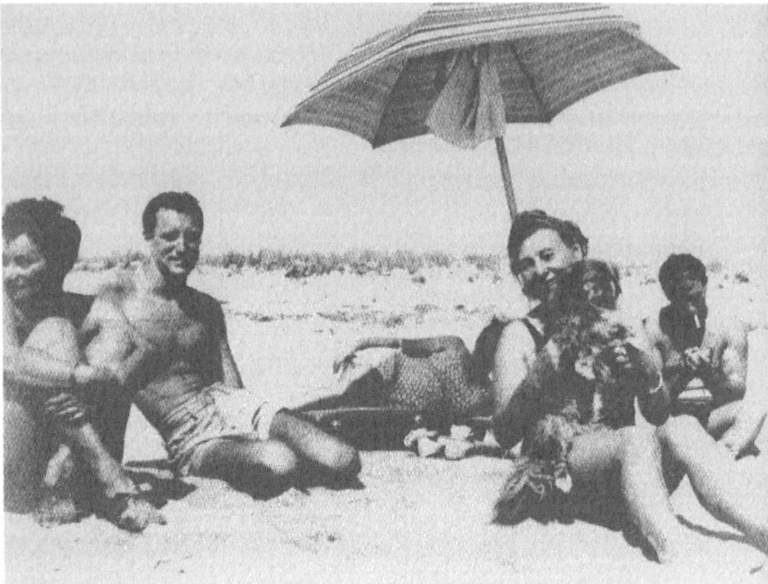

Provincetown 1941, v. l. n. r.:
Valeska Gert, George Mangini, Lee Krasner, Frau Hoffmann und Jackson Pollock

gesponsert worden. Kurz darauf verließ Valeska Gert Hollywood in Richtung New York, da sie sich dort bessere Arbeitsmöglichkeiten erhoffte.
Die Großstadt war hektisch und der Sommer heiß. Valeska Gert sehnte sich nach Kampen und dem Meer. Freunde empfahlen ihr einen Ausflug in das kleine Fischerdörfchen Provincetown am nördlichen Zipfel von Cape Cod. Dort hatte der aus München stammende Künstler Hans Hofmann (1880–1966) eine Malschule, in der er seinen abstrakten Expressionismus vermittelte und in der Valeska Gert als Aktmodell arbeiten konnte. Dort traf sie u.a. auch die Kunststudenten Jackson Pollock (1912–1956), Lee Krasner (1908–1984), Robert de Niro (1922–1993, Vater des gleichnamigen Schauspielers), und Fritz Bultman (1919–1985). In einem Interview erinnerte sich Bultman später: »Als Schüler von Hans in Provincetown wurde ich auf Valeska als Mittelpunkt der Schwulenszene und auch der europäischen Künstler aufmerksam. Ich denke da an Leute wie Charlie Chaplin, der nach dem Nachbarort Wellfleet kam, oder Charles Henri Ford, all jene wie Anaïs Nin, Peggy Guggenheim und Max Ernst, der sich als deutscher Staatsangehöriger während des Krieges nur etwa 100 Meilen von New York entfernen durfte und prompt in Provincetown verhaftet wurde. [...] Recht gut ist mir Valeskas Auftritt in der Art Association in Erinnerung, wo sie das unvergessliche ›Baby‹ gab und ihr Standardreper-

toire. Wirklich lustig war Tennessee, der Valeska vorstellte und die Einführung zu den Nummern machte: Er trat wie ein Zeremonienmeister auf und trug – keiner wusste, wo er die Sachen aufgetrieben hatte – ein weißes Jackett, dazu schwarze Hosen und eine Zigarettenspitze. [...] Nach dem Einfluss gefragt, den Valeska auf Provincetown ausübte, möchte ich sagen: Sie brachte eine internationale Bohème in den Ort. In gewisser Weise war sie auch selbst ein Extrakt derselben, mit ihrer extrem weiblichen Figur, ihren breiten Hüften, ihrer Art zu gehen, ihrem wie mit einem Beil abgeschnittenen Haar ... Sie machte Provincetown für ein paar Jahre zu einem ziemlich internationalen Treffpunkt. Leute kamen nicht direkt ihretwegen, aber doch in gewisser Hinsicht deshalb, weil sie sich dort aufhielt, denn dann musste der Ort eine besondere Freiheit aufweisen. Und von den künstlerischen Auftritten und ihrem späteren Lokal in Provincetown ist zu sagen, dass hierdurch eine Entwicklung zu den ›summer-supper-clubs‹ eingeleitet wurde – zuvor gab es nur einfache Kneipen für die Fischer.« Bultman spielte hier auf Valeska Gerts Restaurant »Valeska's« an, das sie 1946 unter dem Motto »different food, different entertainment« eröffnete. Der erwähnte Tennessee, mit dem Valeska Gert erst in Provincetown und später auch in New York auftrat, war der damals noch unbekannte Schriftsteller Tennessee Williams (1911–1983), der sich in einem späteren Brief an jenen ersten

Sommer (1940) in dem Fischerdorf erinnerte: »Alle wirklich Verrückten aus Manhattan sind bereits eingetroffen, Valesca, Joe Hazan, Robert Duncan, Lee Krasner und Pollock, die Bultmans und ich selbst. Solch eine erlesene Zusammenstellung kann man außerhalb von Bellevue oder old English Bedham vergeblich suchen.« (»Bellevue« in New York und »Bedham«, das umgangssprachlich genannte Bethlehem Royal Hospital in England, sind beides Nervenheilanstalten, auf die Tennessee Williams anspielte). Er war es auch, der Valeska Gert ermutigte, in New York ein Nachtlokal zu eröffnen, in der sie selbst mit ihrem Repertoire auftreten sollte.

In der Morton Street 3, Ecke Bleecker Street in Greenwich Village mietete Valeska Gert schließlich ein schon länger leer stehendes Kellerlokal. Das Geld für Kaution, Miete und Renovierung hatte sie sich mühsam zusammengeliehen. Das Mobiliar bestand aus alten Tischen und Stühlen, von denen kein Stück dem anderen gleich war. Die Lampengestelle bastelte sie selbst und umspannte sie mit dem Stoff ihrer bunten Kostüme. »Nichts soll in meinem Lokal zusammenpassen, nicht Gläser, Tassen, Teller, auch die Künstler nicht. Auf die Tische legte ich bunte Reste von Wachstuch, darauf stellte ich rote und grüne Kerzen. Ich nannte das Lokal *Beggar Bar*, weil alles zusammengebettelt war.« Es begann eine Odyssee im New Yorker Behördendschungel, denn sie benötigte für alles Mögliche eine Genehmigung, ob es um den Anschluss eines Kühlschranks ging oder den Nichtanschluss von Deckenventilatoren. Als die Polizei nach Monaten und unendlich vielen bürokratischen Hürden das Lokal begutachtete, um der Eröffnung zuzustimmen, belehrte einer der Inspektoren die Inhaberin: »Besitzer von Night-Clubs sehen anders aus. Es sind Geschäftsleute, die eine dicke Zigarre im Mundwinkel rollen und mit Trinkgeldern für die Polizei nur so um sich werfen.« Auch ohne Prämienzahlung an die Gesetzeshüter erhielt sie schließlich kurz vor Weihnachten 1941 die Genehmigung zur Eröffnung ihrer *Beggar Bar*, eine Konzession für den Ausschank von Alkohol wurde ihr jedoch nicht erteilt. Am zweiten Weihnachtstag 1941 berichtete der New Yorker *Aufbau*, jene bekannte deutsch-jüdische Emigrantenzeitung, über die Eröffnung des Lokals:

»Nun hat Greenwich Village das, was ihm fehlte: die Beggar Bar unserer Valeska Gert. Im tiefen Keller sitzt man hier, und wenn Valeskas Toulouse-Lautrec-Erscheinung ihn betritt, dann strömt mit ihr unwiderstehlich Montmartre-Luft herein, wie denn schon der Keller selber, eigenhändig von ihr bemalt und eingerichtet, Pariser Atmosphäre verbreitet. Was man aber sieht und hört, das atmet den internationalen Geist, der hierher gehört. Da erscheint auf dem Podium ein schmaler, junger Inder, um einen der gemessenen, mit kunstvollen Handgebärden dekorierten Tänze seiner Heimat zu zelebrieren. Aber dann kommt sie – mit ganz anderen Ge-

bärden. Und sie singt, tanzt, spricht, lacht, grölt und quietscht ja in allen Idiomen dieser verworrenen Erde. Sie zeigt sich von ihren verschiedensten und amüsantesten Seiten: als Koloratursängerin (melodische Kaskade eines hemmungslosen Gelächters), als japanischer Schauspieler, als Tragédienne Française, als krächzendes, krähendes Baby; und sie hat auch ein paar neue Nummern, wie ›Coney Island‹.
Zwischendurch lädt sie die Gäste mit der ihr eigenen Energie zu aktiver Beteiligung ein, und nach dem gehörigen Zögern schreitet eine junge Dame, Miss Sada Gordon (tagsüber Privatsekretärin), aufs Podium, um sich als ein fabelhaftes, karikaturistisches Sprechtalent entdecken zu lassen. Der Keller, an diesem ersten Abend, war reichlich voll; bald wird die Zahl der Gäste vermutlich seine bunten Mauern sprengen.«
Allerdings verfasste der Herausgeber des *Aufbau*, Manfred George, bereits drei Tage nach Erscheinen des hier zitierten Artikels einen recht deutlichen Brief an Valeska Gert: »Wie wir von den verschiedensten amerikanischen Seiten hören, bauen Sie Ihr Programm inhaltlich in einer Form auf, die ebenso geschmacklos wie taktlos ist. Sie mokieren sich über Einrichtungen dieses Landes, kritisieren den Freiheitsbegriff und ergehen sich in zahllosen Anspielungen, die Sie als Immigrantin unter keinen Umständen machen dürfen. Auch Ihre Parodie auf die ›American Daughter of Revolution in Coney Island‹

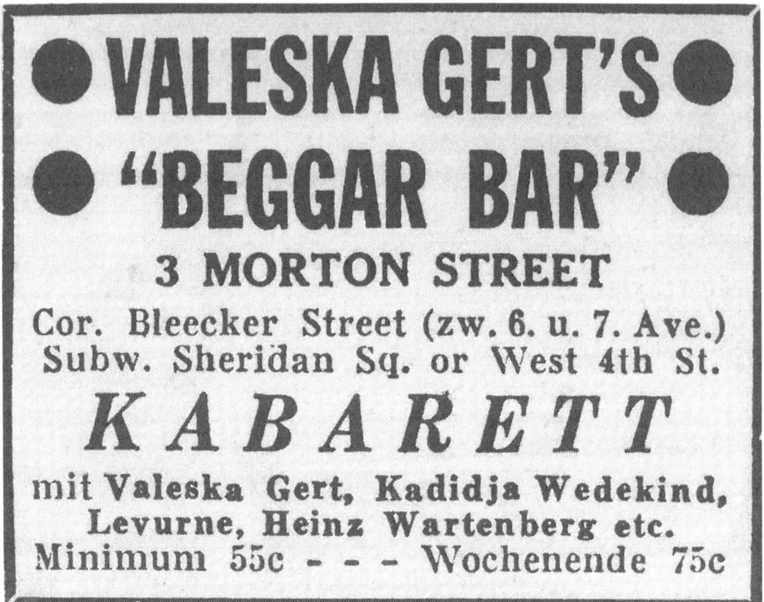

Anzeige der Beggar Bar in der deutsch-jüdischen Emigrantenzeitung Aufbau

ist, um das Urteil eines sehr zurückhaltenden Amerikaners zu wiederholen ›to say the least an extremely bad taste‹. Da diese ganzen Vorgänge geeignet sind, die gesamte Immigration außerordentlich schwer zu schädigen, sehen wir uns gezwungen Ihnen mitzuteilen, dass wir die Ihnen von uns entgegengebrachte Hilfsbereitschaft außerordentlich bedauern und Sie, wenn sie Ihr Verhalten nicht ändern sollten, aufs allerschärfste in unserem Blatt angreifen werden. Beginnen Sie endlich zu begreifen, dass Ihre Person zu unwichtig ist, um in diesen Kriegszeiten die Gemeinschaft der gesamten Immigranten zu gefährden.«

Aber auch aus Kreisen der deutsch-jüdischen Immigrantengemeinde ließ sich Valeska Gert nicht einschüchtern und schon gar nicht ihr Kabarettprogramm diktieren und die Gäste goutierten dies. »Die Park Avenue erschien in Zobel und Hermelin [...]. Es kamen Theater und Film, Simone Simon, Fredric March, Victor Jory, Mary Brian, Patsy Kelly, Beverly Roberts, Julie Haidon, Maxine Sullivan, June Havoc, die Katherine-Dunham-Truppe, der Regisseur James Light, [...] Judy Garland und ihr Mann Vincent Minelli. Sie sagte: ›Es ist das einzige Kabarett in New York, das sich lohnt anzusehen‹.«

Aber auch für die Immigranten aus Europa war die *Beggar Bar* ein Stück verlorene Heimat. Mascha Kaléko, die neben Marcel Duchamps, Hans Richter oder Walter Mehring im Publikum saß, schwärmte von Gerts Kel-

lerlokal, »wo man früher so manchen alten Berlinern begegnen konnte – Eric Godal und Sonja Wronkow, der einstigen Yvette Guilbert des *Romanischen Café*, Alexander Granach und dem immer einsamer werdenden, nun verstorbenen expressionistischen Dichter Albert Ehrenstein«.
Und auch für die Künstler, die bei Valeska Gert auftraten, u.a. die eben erwähnte Sonja Wronkow, blieb die *Beggar Bar* eine nicht unwichtige Etappe in ihrer Vita. Judith Malina bemerkte 1980 rückblickend: »Ich glaube, wir sind beständig von allen beeinflusst: von Piscator, oder Meyerhold oder Valeska Gert oder Charlie Chaplin.«

Heimweh – Rückkehr in ein anderes Berlin

1947 kehrte Valeska Gert nach Europa zurück. Da sie keine unmittelbare Einreiseerlaubnis nach Deutschland erhielt, ließ sie sich zunächst in der Schweiz nieder und eröffnete in Zürich das *Café Valeska und ihr Küchenpersonal*, ein Kabarett-Restaurant, in dem die Mitarbeiter neben dem kulinarischen Genuss auch für eine amüsante Unterhaltung der Gäste sorgten.
Ende Februar 1949 war es dann endlich soweit und Valeska Gert konnte mit einem französischen Militärflugzeug in das durch die sowjetische Blockade isolierte

Berlin gelangen. Sie erhielt zunächst nur eine vierwöchige Aufenthaltserlaubnis. Schon dieser Umstand ernüchterte die Remigrantin. »Viele deutsche Emigrantenkinder kommen als Mexikaner, Dänen, Franzosen nach Deutschland zurück. Das ist nicht sehr mutig, aber verständlich. Man feiert lieber einen Gast als den Zurückgekehrten. Dumm, dass ich nicht als Valeska ben Gert zurückgekehrt bin« bemerkte sie rückblickend in ihrer letzten Biografie *Die Katze von Kampen*, die sie 1973 verfasste.

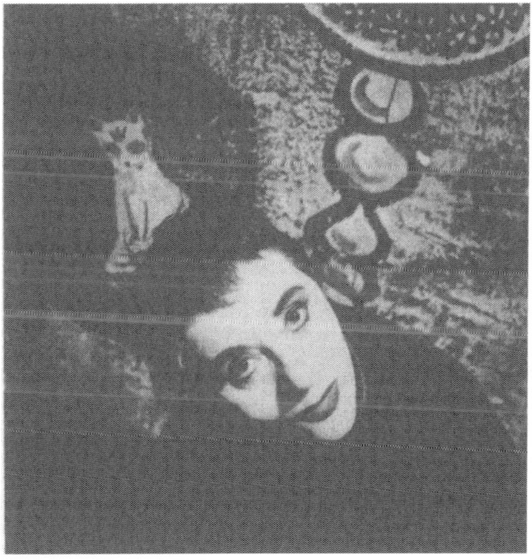

Die Katze von Kampen, *Valeska Gert im Ziegenstall, fotografiert von Herbert Tobias*

Valeska tanzte in der neuen Welt
sie hatte Ruhm und hatte Geld!! –
–, und hatte Heimweh nach Berlin
dem Kudamm und dem Tauentzien
sie fuhr zurück auf gut Glück
und vieles war im Eimer
Sie aber wollte tanzen und noch mehr
aber von Behörden wollte keiner …

Diese Zeilen stammen aus einem Manuskript mit dem Titel »Valeska Gert über Valeska Gert«, das sich in ihrem Nachlass in der Akademie der Künste in Berlin befindet. Es zeigt sehr anschaulich, wie sehr Valeska Gert – trotz aller Erfahrungen – an Berlin hing.

Die Presse nahm umgehend Notiz von ihrer Rückkehr. Der Verfasser eines *Tagesspiegel*-Artikels vom 11. März 1949 hob bei seinem Gert-Porträt einleitend aber hervor, dass es notwendig sei, so manchem Leser erst einmal klar zu machen, um wen es sich bei der Porträtierten überhaupt handle. Denn die Erfahrung zeigte, dass es das Schicksal vieler – einst in Deutschland berühmter – Exilanten war, dass diese durch ihren erzwungenen Weggang in der Heimat in Vergessen gerieten: »Doch muss man denen, die sie in den siebzehn Jahren vergessen haben, und denen, die inzwischen herangewachsen sind, zunächst wohl einmal sagen, wer sie überhaupt ist. Valeska Gert, das war einmal das Ereignis zu der Zeit, in der alle Möglichkeiten offen waren. […] Sie war das gebärende Chaos in der ideenlosen Gesellschaft ihres Jahrzehnts. Was sie zeigte, das waren keine Dämönchen, sondern Spiegelbilder von uns allen aus den Dämmerzuständen und dem Unterbewusstsein. […] Man hat damals gesagt, dass in Deutschland überhaupt nur zwei Künstlerinnen existierten, die ihre Zeit restlos deckten: Elisabeth Bergner und Valeska Gert.«

Knapp drei Wochen nach ihrer Rückkehr trat Valeska Gert wieder in Berlin auf. Kurt Raeck, der Intendant des *Renaissance-Theaters,* hatte zwei Matineen für sie organisiert. Der *Tagesspiegel* berichtete erneut begeistert von der Ausnahmekünstlerin, die einen frischen Wind in das miefige Nachkriegsberlin brachte.

Als Valeska Gert Berlin verlassen musste, war sie knapp über Vierzig, bei ihrer Rückkehr ging sie bereits auf die Sechzig zu, doch ihr Enthusiasmus und ihre Lust auf der Bühne zu stehen war ungebrochen. Anknüpfend an ihr Unterhaltungskonzept in der *Beggar Bar* und den Valeskas in Provincetown und Zürich, wollte sie auch in Berlin ein Kabarett eröffnen, in dem Künstler, Kellner und Küchenpersonal eine Einheit bildeten. Aber so einfach wollte es ihr auch die Berliner Bürokratie nicht machen. Den erst wenige Monate zuvor bezogenen Opernkeller in der Kantstraße musste sie bereits Anfang 1950 wieder räumen. Schon im Dezember hatte es fadenscheinige Auflagen gegeben. *Der Tagesspiegel*

berichtete am 6. Dezember 1949: »Der Magistrat hat gegen Valeska Gert eine einstweilige Verfügung erwirkt. Danach muss die Gert für ihr Kabarett im Keller der Städtischen Oper jede Reklame an und vor dem Hause unterlassen [...]. Man sollte eine Künstlerin von internationalem Namen, die 1933 emigrieren musste, bei ihrem verdienstvollen Unternehmen, das Berliner Leben zu aktivieren, lieber entgegenkommen.«
Valeska Gert begab sich erneut auf die Suche nach geeigneten Räumlichkeiten und fand diese in einem leerstehenden Gemüseladen in der Paulsborner Straße unweit des Kudamms. Dort eröffnete sie im Oktober 1950 die *Hexenküche*, in der sie u.a. mit dem »Mannequin von Grieneisen« aufwartete. Diese Parodie birgt nicht zuletzt eine gewisse Verbitterung darüber, wie mit Remigranten umgegangen wurde. Denn eigentlich waren sie bereits im kollektiven Bewusstsein der Daheimgebliebenen gestorben, daher eigne man sich bestenfalls noch als dekorative Leiche in einem Bestattungsunternehmen. Ihr Fazit: »Kommt nicht zurück, wenn ihr schon mal verschollen.« Mit Aussagen wie dieser, traf sie durchaus ins Schwarze. Denn zu jener Zeit traute sich neben ihr kaum ein Kabarettist, derart subtil der deutschen Nachkriegsgesellschaft den Spiegel vorzuhalten. Ihr Auftritt als »Kommandeuse« suchte in Berlin, ja in ganz Deutschland seinesgleichen. In der Rolle der Ilse Koch, einst Aufseherin im Konzentrationslager Buchen-

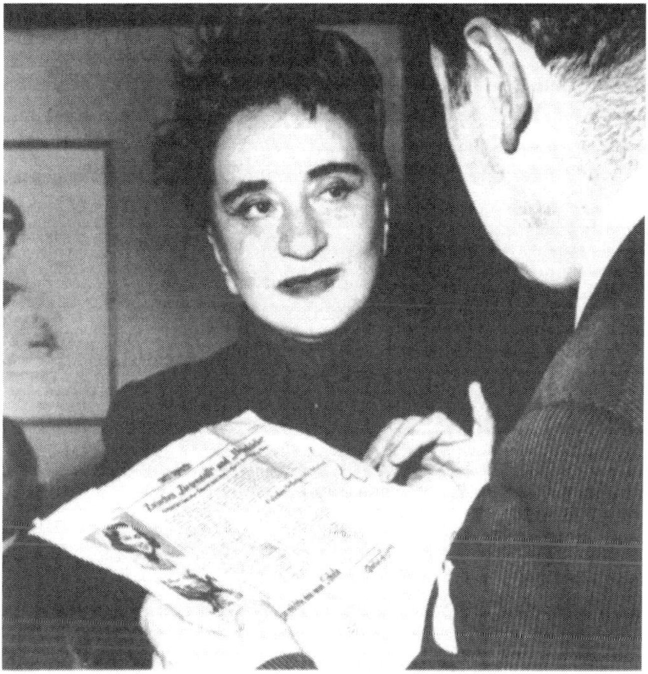

Valeska Gert bei der Lektüre eines Zeitungsartikels mit der Überschrift »Zwischen ›Ziegenstall‹ und ›Hexenküche‹«, fotografiert von Herbert Tobias (1952)

wald, die für ihre Brutalität und ihren Sadismus unter den Häftlingen gefürchtet war, trat sie in der *Hexenküche* vor ihr Publikum:

»(...) Jetzt, zehn Jahre später ist nichts mehr wahr.
Keinem krümmte ich ein Haar.
War reinste Sachlichkeit und Güte.
Keinem tat ich was, keinem, nicht die Tüte.
Häkle, stricke und mach Handarbeiten.
Warum kann mich niemand leiden?«

In bewährter Manier trat neben ihr das »Küchenpersonal« auf, das sich aus jungen noch unbekannten Künstlern, wie einst schon in New York Tennessee Williams, und Gelegenheitsaktivisten rekrutierte. 1952 stieß ein scheuer, aber nicht minder exzentrischer Schauspieler hinzu, der François Villon rezitierend die Gäste bediente. Bis heute sind seine Rezitationen – wie »Ich bin so wild nach Deinem Erdbeermund« – legendär und die Auftritte in der *Hexenküche* haben maßgeblich zu seinem Erfolg beigetragen. Die Rede ist von Klaus Kinski. Allerdings ist unschwer zu vermuten, dass die Zusammenarbeit zwischen den beiden recht egozentrischen Künstlern nicht immer harmonisch war. Für ihre Dominanz und Pfennigfuchserei bei den Mitarbeitern bekannt, duldete Valeska Gert weder Solotänzer noch Diskussionen über eine angemessene Entlohnung. Und so war deren Zusammenspiel nur von kurzer – dafür aber intensiver – Dauer.

Erneut standen lange Auseinandersetzungen mit den staatlichen Behörden an. 1952 stellte Valeska Gert einen Antrag auf Entschädigung, allerdings verweigerte man ihr den Status als »rassisch Verfolgte« des NS-Regimes. Sie ging in Berufung und erneut wurde ihr Antrag abschlägig beschieden. In der Begründung hieß es lapidar, dass sie Deutschland ja freiwillig verlassen habe und daher nicht als Verfolgte gelte; außerdem habe sie ja 1936 einen Engländer geheiratet und sei deshalb vor dem Zugriff der Nazis geschützt gewesen. Die Enttäuschung über dieses Urteil saß tief, zudem setzte ihr das Finanzamt zu, die Steuerforderungen stiegen rapide an und es kam zu erheblichen Nachforderungen von Seiten der Steuerbehörde. Im April 1956 schloss Valeska Gert frustriert ihr Berliner Kabarett und zog endgültig nach Kampen. Walter Kaul, ein häufiger Gast der *Hexenküche*, bemerkte 1961 rückblickend im Berliner Kurier: »Es war einzigartig – nur schade, dass es eine deutsche Künstlerin war und dass Propheten nichts in ihrem Vaterland gelten – und die Kunst der Gert war immer prophetisch.«

Von der Berliner *Hexenküche* in den Kampener *Ziegenstall* – Ein letzter Neuanfang

Bereits in den 1920er Jahren besuchte Valeska Gert die Insel Sylt. In ihrer Biografie »Ich bin eine Hexe« erinnert sie sich: »Ich reiste nach Kampen auf Sylt. Dort trug man diese langen braunen und blauen Turnanzüge aus Baumwolle. Ich fand sie grässlich und erfand ganz kurze giftgrüne und knallrote Seidenhöschen (für das Berliner Tageblatt musste ich sie zeichnen und darüber schreiben). Oder ich lag nackt in den Dünen. Das war schlecht für meinen Ruf, man war rückständig, es gab weder Abessinien noch Minihöschen. Man war braver, und ich galt als verworfen.«

Ihr Ehemann Helmuth von Krause hatte ihr damals ein kleines Sommerhaus in Kampen auf Sylt gekauft. Nach ihrer Rückkehr aus dem Exil erhielt sie das Grundstück 1950 zurück, allerdings verweigerte ihr die Gemeinde Kampen, auf einem weiteren Grundstück ein Lokal zu errichten, schließlich gäbe es schon ein Café in Kampen, so die Begründung für den abschlägigen Bescheid. Kurzerhand baute sie das kleine Sommerhaus um, verlagerte den Wohnbereich in die erste Etage und richtete im Parterre den *Ziegenstall* ein, jenes »Nachtlokal«, das seit 1951 nach Sonnenuntergang für die Unterhaltung der Sylter Sommerfrischler sorgte. Auch hier war die

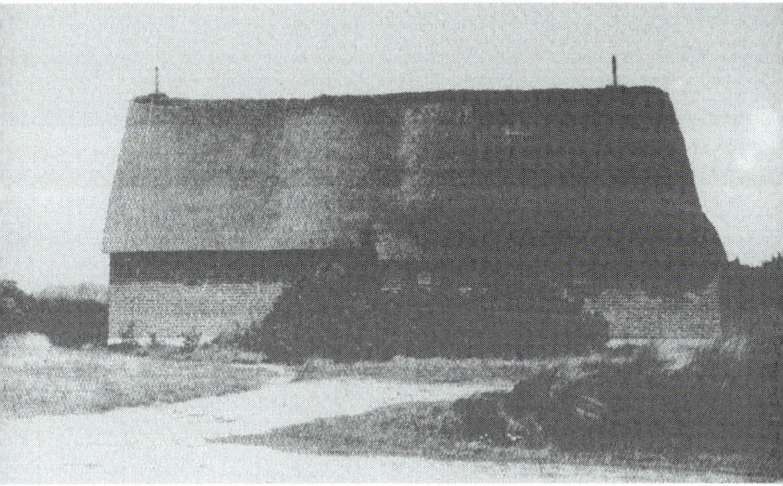

Valeska Gerts Kampener Haus, das sie in der unteren Etage zum Lokal Ziegenstall *ausbauen ließ*

Einrichtung wieder äußerst spartanisch. Auf dem Fußboden lag statt eines plüschigen Teppichs grob geschnittenes Stroh, Tische und Stühle waren bunt zusammengesucht, Flaschen dienten als Kerzenständer und an den Wänden war neben Autogrammen und Getränkenamen zu lesen: »Die Gäste sind wie die Ziegen, sie werden gemolken und meckern.« Dieser Leitspruch schien das Publikum jedoch nicht davon abzuhalten wiederzukommen.

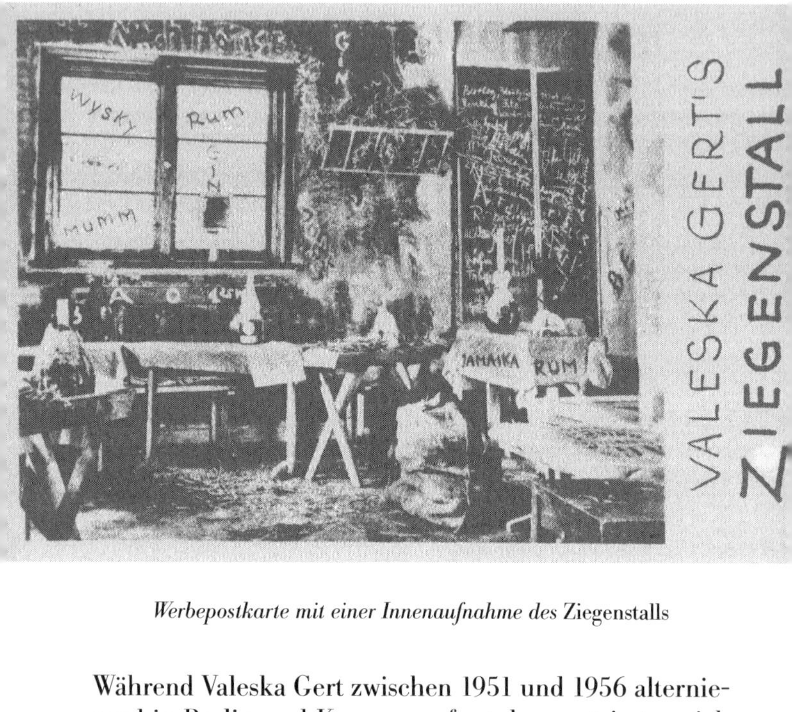

Werbepostkarte mit einer Innenaufnahme des Ziegenstalls

Während Valeska Gert zwischen 1951 und 1956 alternierend in Berlin und Kampen auftrat, konzentrierten sich seit der Schließung der *Hexenküche* ihre Aktivitäten auf den *Ziegenstall* und vereinzelte Gastspiele, die im Frühjahr und Herbst, wenn in Kampen keine Saison war, meist in Hamburg oder München stattfanden. Sie verzichtete nunmehr auch weitestgehend auf eigene Auftritte im

Ziegenstall, sondern bot vielmehr jungen Künstlern ein Forum oder lernte sie an, bis sie mit Gerts Repertoire bühnenreif waren und unter deren Augen allabendlich das Publikum unterhielt, das sich zu einem Großteil aus der westdeutschen Schickeria rekrutierte und den *Ziegenstall* als amüsante und extravagante Bereicherung des sonst eher beschaulichen Sylt ansah. Stammgäste waren unter anderem der Schauspieler Gert Fröbe, der Showmaster Peter Frankenfeld und der Journalist Werner Höfer. Über ein Vierteljahrhundert war der *Ziegenstall* ein magischer Anziehungspunkt der Sylter Sommergäste und Valeska Gert sorgte währenddessen bei den Inselbewohnern für anhaltenden Gesprächsstoff. Selbst in ihrer Abwesenheit gingen die Neuigkeiten über sie nicht aus, denn neben ihrer Profession als – wenn auch gealtertes – »enfant terrible« machte sie seit den 1960er Jahren nochmals Karriere vor der Kamera. 1965 engagierte sie Federico Fellini als Medium »Bhishma« in seinem Film *Julia und die Geister,* in dem Giulietta Masina die Hauptrolle spielte. Ein Jahr später drehte sie mit Pierre Philippe *La Bonne Dame* (1966).

1970 erhielt der einstige Stummfilmstar, der fortan im In- und Ausland vor der Kamera stand, den Deutschen Filmpreis (Filmband in Gold) für ihr langjähriges Wirken im Film. Es folgten Rollen in *Acht Stunden sind kein Tag* von Rainer Werner Fassbinder (1972), *Die Betörung der blauen Matrosen* (1975) von Ulrike Ottinger und Tabea Blumenstein und Volker Schlöndorffs *Fangschuss* (1976). Den letzten Film, in der Valeska Gert die Hauptrolle spielte, war ein einstündiges Porträt über sie, mit dem Titel *Nur zum Spaß, nur zum Spiel – Kaleidoskop Valeska Gert.* Volker Schlöndorff, der den Film 1977 produzierte, betonte darin in einem Interview seine Begeisterung für die Protagonistin und ihre enorme Anziehungskraft: »Am heftigsten wird man gepackt, wenn die Grotesk-Tänzerin ihre Erinnerungen unerwartet selber noch einmal tanzt, und schluchzt, grölt, wispert, stöhnt: das ›Kummerlied‹ etwa oder das ›Japanische Theater‹ [...] oder den ›Tod‹ [...]. Der alle Hemmungen überwindende Wille, immer nur sie selbst zu sein, ohne Rücksicht auf die Meinung anderer, ohne sich gängigen Vorstellungen von Kunst und Kultur anzupassen, das lässt ihre Ausstrahlung noch heute ungebrochen wirken. Mit diesem Auftreten und ihren Ansichten kann diese alte Dame noch immer erschrecken und begeistern.« Auch hier intervenierte die 85-jährige Valeska Gert wie bereits einige Jahre zuvor gegenüber dem Talkmaster Rosenbauer: »Ich wäre nie auf die Idee gekommen, dass ich eine alte Dame bin.«

Ruhig wurde es um sie erst in den letzten Monaten ihres Lebens. Im Herbst 1977 äußerte sie gegenüber Freunden: »Noch einen Winter überlebe ich nicht [...] das Fernsehprogramm ist zu schlecht.« Am 18. März 1978 lassen Nachbarn im Beisein der Polizei die Tür ihres

Hauses aufbrechen, nachdem sie, die sonst täglich Punkt Fünf ihren Tee im örtlichen Café zu sich nahm und die Zeitung las, mehrere Tage nicht mehr gesehen wurde. Valeska Gert lag tot in ihrem Wohnbereich in der ersten Etage über dem *Ziegenstall.* Der genaue Todeszeitpunkt ist unklar, vermutlich war es der 16. März 1978. Die Beisetzung fand am 5. April in Berlin statt. Dort erhielt sie auf dem Ruhlebener Friedhof ein Ehrengrab.

Literatur

Primärliteratur

Valeska Gert: *Mein Weg*, Leipzig 1931, (2. gering veränd. Aufl. im Selbstverlag o. O. u. J., ca. 1950; Reprint: In: Wolfgang Müller: Valeska Gert. *Ästhetik der Präsenzen*, Berlin 2010).

Valeska Gert: *Die Bettlerbar von New York*, Berlin 1950. (2. Aufl. im Selbstverlag o. O. u. J., ca. 1958).

Valeska Gert: *Ich bin eine Hexe*, München 1968 (div. Neuauflagen).

Valeska Gert: *Die Katze von Kampen*, Percha 1973.

Sekundärliteratur

Fred Hildenbrandt: *Die Tänzerin Valeska Gert*, Stuttgart 1928.

Frank-Manuel Peter: *Valeska Gert: Tänzerin, Schauspielerin und Kabarettistin. Eine dokumentarische Biographie*, Berlin 1985; 2. Aufl. Ed. Hentrich, Berlin 1987.

Susanne Foellmer: *Valeska Gert. Fragmente einer Avantgardistin in Tanz und Schauspiel der 1920er Jahre*, Bielefeld 2006. Mit CD-ROM (Tanzfilme von Gert, Mary Wigman und Niddy Impekoven).

Wolfgang Müller: *Valeska Gert. Ästhetik der Präsenzen*, Berlin 2010.

Abbildungsnachweis

Bis auf wenige Ausnahmen stammen die in diesem Band verwendeten Bildvorlagen aus der Publikation von Frank-Manuel Peter, *Valeska Gert. Tänzerin, Schauspielerin und Kabarettistin. Eine dokumentarische Biografie* (Berlin 1985). Die Abbildung auf Seite 28 stammt aus Gerts Autobiografie, *Ich bin eine Hexe* (München 1968), das Umschlagmotiv wurde von der Galerie im Kaamp-Hüs (Kampen) zur Verfügung gestellt.

Dank

Wichtige Impulse für den vorliegenden Text erhielt ich aus Frank-Manuel Peters verdienstvoller und hervorragend recherchierter Gert-Biografie aus dem Jahr 1985. Mein Dank gilt daher in erster Linie ihm und Wolfgang Müller für die wichtigen Anregungen bei den Vorrecherchen zu Valeska Gert. Franziska Buhre und den vielen Mitstreitern, Leihgebern und Künstlern danke ich für ihre Unterstützung bei der Vorbereitung und Durchführung der Valeska-Gert-Ausstellung im Jahr 2011 in Potsdam. Und dafür, dass sich Birgit Friese und Christine Lunk vom Kaamp Hüs haben anregen lassen, im Jahr des 120. Geburtstages von Valeska Gert eine Ausstellung in deren Lebens- und Wirkungsort Kampen durchzuführen, danke ich ganz besonders.

Über die Autorin

Elke-Vera Kotowski
Wissenschaftliche Mitarbeiterin am Moses Mendelssohn Zentrum und Dozentin an der Universität Potsdam sowie Kuratorin zahlreicher Ausstellungen zu Personen und Themen im deutsch-jüdischen Kontext.
Bei Hentrich & Hentrich sind von ihr erschienen: *Theodor Lessing. Philosoph – Feuilletonist – Volksbildner* (978-3-941450-05-9) und *AUFBAU. Sprachrohr. Heimat. Mythos. Geschichte(n) einer deutsch-jüdischen Zeitung aus New York 1934 bis heute* (978-3-942271-19-6).